Sorc

Anne-Marie Abitan est née en 1947 dans le Cantal. C'est une rêveuse et sa distraction lui a plus d'une fois joué un tour ! Si c'est à elle qu'il faut s'adresser pour animer un atelier d'écriture, ne lui demandez pas de jongler avec les pourcentages, ou avec l'abominable règle de trois : elle les déteste ! Aujourd'hui elle habite la Provence. Elle s'en échappe parfois pour succomber au charme d'un long voyage en train.

Volker Theinhardt est né à Stendal (RFA) en 1941. Il a fait ses études à l'École des beaux-arts de Braunschweig, puis en France, grâce à une bourse de l'Office allemand d'échanges universitaires. Aujourd'hui il est spécialisé dans l'illustration de livres pour enfants. Ses ouvrages sont publiés par les éditions Hachette, Larousse, Nathan, Flammarion, Hatier et Centurion. Il travaille aussi pour les revues jeunesse à Bayard Presse.

Du même illustrateur dans Bayard Poche :
Chouette soirée - Le dragon Griffar Ier *-*
Le dragon chanteur - La maison de Moufette -
Bonne nuit, marmottes ! - La Chappendicite
(Les belles histoires)
William et Fred (J'aime lire)

Bayard Éditions est une marque
du Département Livre de Bayard Presse
ISBN 2. 227. 72175. 8

Sorcière contre robot

Une histoire écrite par Anne-Marie Abitan
illustrée par Volker Theinhardt

BAYARD ÉDITIONS

La sorcière Adélaïde vivait heureuse
depuis longtemps.
Elle était extrêmement laide,
ce qui est très important
pour une sorcière.
Le samedi, matin ou soir, selon la lune,
elle allait chez le coiffeur
qui voulait bien lui faire
des chignons abominables*
et parfaitement réussis.
Elle possédait un balai
confortable et rapide,
ce qui est très utile pour une sorcière.

* Ce mot est expliqué page 45, n° 1.

Tous les dimanches,
dans les rues ou dans le ciel,
elle partait en promenade.
Adélaïde tenait une boutique de sorcière
au numéro 14,
rue du Temps-Qui-Passe…
Sur la porte, elle avait écrit :

Adélaïde, Sorcière Véritable,
depuis toujours et pour longtemps,
transforme chaque chose
en toute chose.

14

Dans sa boutique, Adélaïde vendait
toutes sortes de poudres magiques,
de recettes magiques
et de formules magiques.
Elle vendait une poudre
qui pouvait transformer un dentiste
en tartelette aux fraises,
ou une autre, qui pouvait transformer
un tabouret en cheval à bascule.
Elle vendait aussi la recette de la soupe
qui fait pousser la barbe et les cheveux.
Adélaïde, enfin, vendait
des formules magiques très utiles,
comme celle-ci, par exemple :
« Machoulli Paillasson Emberlificoton »
pour ranger ses jouets
tout en restant assis.

Donc, Adélaïde vivait heureuse
dans sa boutique
qu'elle ouvrait chaque matin
et fermait chaque soir.
Le samedi,
elle se rendait chez son coiffeur,
et le dimanche,
elle se promenait en balai.
Mais voilà qu'un jour,
Adélaïde sursaute
en lisant le journal.
Elle vient de lire
une nouvelle surprenante
écrite en toutes lettres :
« Le robot Archibald Archifort
est heureux de vous informer
qu'il s'installe aujourd'hui
au numéro 25
de la rue du Temps-Qui-Passe.»

La sorcière s'exclame :
– Par le chignon de ma grand-mère,
qu'est-ce que ce robot vient faire
dans ma rue ?
Aussitôt, elle ferme sa boutique
et elle court jusqu'au numéro 25.
Sur la porte, il y a une plaque dorée
toute neuve et toute brillante
où sont gravés ces mots :

Robot Archibald Archifort transforme,
répare, modifie, arrange absolument tout.
Bureau ouvert tous les jours,
sauf le dimanche, dès le matin
et jusqu'au soir, depuis l'automne
jusqu'au printemps.

25

Adélaïde revient à sa boutique,
terriblement inquiète :
« Ce robot est donc si puissant ?
Par le chignon de ma grand-mère,
je saurai bien ce qu'il ne sait pas ! »
Et elle décide de se rendre
chez Archibald Archifort
pour lui demander l'impossible.

Adélaïde prépare
une tisane magique
qu'elle a elle-même inventée.
Elle en boit un grand bol,
et tout aussitôt,
elle se transforme en jardinier :
sabots, râteau, panier,
on dirait un jardinier véritable.

Fermant sa boutique et ainsi déguisée,
la sorcière court sonner
à la porte du robot.
Celui-ci la reçoit fort aimablement.
Il dit à la sorcière
transformée en jardinier :
– Bonjour, Monsieur, que voulez-vous ?
Demandez, car je peux tout,
du moins à ce qu'il me semble.
Adélaïde répond :
– Monsieur le robot,
voyez, je suis le jardinier de la ville.
C'est l'automne, hélas, et je dois ratisser
toutes les feuilles mortes tombées
dans les jardins. Je suis très fatigué.
Je pensais que peut-être vous pourriez
me vendre la recette
d'une tisane magique
dont j'arroserais les arbres,
et leurs feuilles
ne tomberaient plus !

A
Aa
Ac
Ab
Ba
Bc
Bb
B
Ca
C

Le robot s'étonne :
– Une recette magique ?
Les recettes magiques sont l'affaire des sorcières ! Mais je peux vous vendre ce ramasse-feuilles adaptable.
Il suffit de le fixer au manche

de votre râteau et de vous promener
tranquillement sous les arbres.
Adélaïde n'en croit pas ses yeux.
Elle remercie le robot,
elle prend le ramasse-feuilles
et elle retourne chez elle, fort déçue*.

* Ce mot est expliqué page 45, n° 2.

Elle pense :
« Par le chignon de ma grand-mère,
je saurai bien ce qu'il ne sait pas ! »
Le lendemain, Adélaïde choisit
dans sa boutique une poudre magique
qu'elle a elle-même préparée.

Elle en met une pincée* sur sa tête
et tout aussitôt elle se transforme
en ramoneur.

* Ce mot est expliqué page 46, n° 3.

Visage noir, pantalon, bonnet,
on dirait un ramoneur véritable.
Fermant sa boutique et ainsi déguisée,
la sorcière court sonner à la porte
du robot.
Le robot dit :
– Bonjour, jeune homme, que voulez-vous ?
Demandez, car je peux tout,
du moins à ce qu'il me semble.
Adélaïde répond :
– Monsieur le robot, voyez,
je suis le ramoneur de la ville.
Bientôt viendra l'hiver, hélas,
et je devrai ramoner
toutes les cheminées.
Je suis très fatigué.

Je pensais que, peut-être,
vous pourriez me vendre
une poudre magique.
J'en mettrais une pincée sur chaque toit
et les cheminées seraient nettoyées.
Le robot s'étonne :

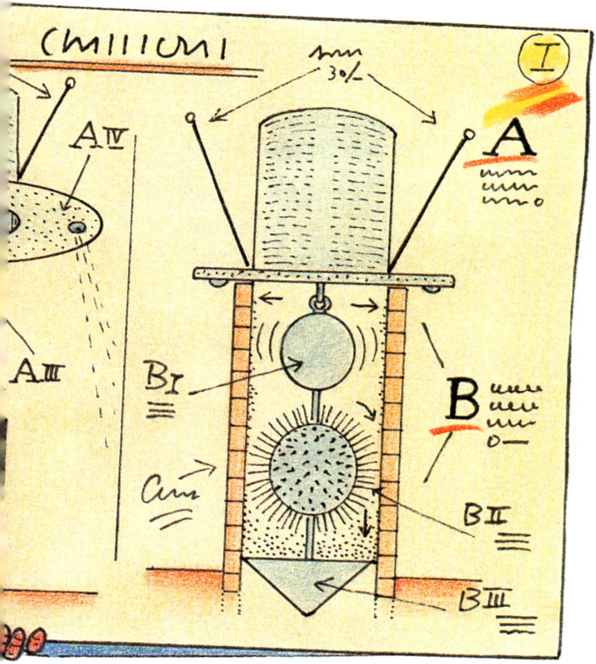

– Une poudre magique ?
Les poudres magiques sont l'affaire des sorcières ! Mais je peux vous vendre ce gratte-cheminée automatique.
Il suffit de le poser sur le toit et d'attendre tranquillement en bas.

Adélaïde est abasourdie.
Elle remercie le robot,
elle prend le gratte-cheminée,
et elle retourne chez elle,
fort pensive.
Elle se dit :
« Par le chignon de ma grand-mère,
ce robot est très fort, mais je saurai bien
ce qu'il ne sait pas ! »

Le lendemain,
elle choisit une formule magique
qu'elle a elle-même écrite.
Elle la récite en se regardant
dans le miroir :
« Sucettes pistache abricot cornets
et cornettes bouboule et boulot. »
Et la voilà aussitôt transformée
en marchande de glaces.

Cornets simples, cornets doubles, tablier,
on dirait une marchande de glaces
véritable.
Fermant sa boutique et ainsi déguisée,
la sorcière court à la porte du robot.
Celui-ci dit fort poliment :
– Bonjour, Mademoiselle,
que voulez-vous ?
Demandez, car je peux tout,
du moins à ce qu'il me semble.
Adélaïde dit :
– Monsieur le robot, voyez,
je suis la marchande de glaces de la ville.
L'été dernier, hélas, il a fait très chaud.
Je me suis fatiguée à mettre
les boules de glace dans les cornets.
Je pensais que peut-être vous pourriez
m'indiquer une formule magique
pour remplir les cornets.

Le robot s'étonne :
– Une formule magique ?
Les formules magiques sont l'affaire des sorcières ! Mais je peux vous vendre ce creuse-glaces électronique. Il suffit de mettre ici la glace et là les cornets

et de s'asseoir tranquillement à côté.
Adélaïde est éblouie.
Oubliant de remercier le robot,
tant elle est impressionnée,
elle prend le creuse-glaces
et elle retourne chez elle.

Elle murmure :
– Par le chignon de ma grand-mère,
ce robot est décidément très fort,
et je crois bien qu'il sait tout !
Les jours suivants,
la sorcière reste dans sa boutique.

Elle se lamente* du matin au soir :
– Que vais-je devenir ?
Ce robot est plus puissant que moi !
Et elle verse des larmes de désespoir
sur les livres de recettes
et les boîtes de poudre.

* Ce mot est expliqué page 46, n° 4.

Un matin, alors que la pauvre Adélaïde
regarde son balai faire le ménage,
la porte de la boutique s'ouvre...
Et qui entre ? Le robot !
Archibald Archifort !
Adélaïde est muette* d'étonnement.
Le robot lui dit fort poliment :
– Bonjour, Madame la sorcière.
Voyez, je suis votre voisin, et je viens

* Ce mot est expliqué page 47, n° 5.

vous inviter, si vous le voulez bien,
à faire une promenade
dans ma voiture-avion-bateau,
qui est électronico-automatico-adaptable
et surtout très confortable.
La sorcière qui ne sait plus ce qu'elle dit,
balbutie : – Avec plaisir, je vous remercie,
Monsieur Arichibot. Alors, à dimanche !
Je serai prête de bonne heure.

Le samedi,
Adélaïde court
chez son coiffeur
qui réussit
un magnifique chignon
à étages
en quatre couleurs.

Le dimanche, tôt le matin,
la sorcière est prête.
Elle attend, elle attend,
mais le robot n'arrive pas !
Il entre enfin dans la boutique
à onze heures,
ce qui est fort tard.
Il dit :
– Quelle catastrophe !
Ma voiture-avion-bateau
est en panne.
Je n'ai pas réussi
à la réparer,
une pièce du moteur
est cassée.
Il faudra attendre
très longtemps

pour la remplacer,
car c'est une pièce
très rare
et très perfectionnée.

La sorcière
dit alors :
– Monsieur Archibald,
si j'osais,
je vous proposerais
une promenade
sur mon balai
magique.
Les balais,
voyez-vous,
sont l'affaire
des sorcières !
Le robot accepte.

Tous deux s'assoient sur le balai magique
qui s'envole par-dessus les toits.
Adélaïde se dit :
« Hé, hé, hé, par le chignon
de ma grand-mère,
voilà donc mon balai magique transformé
en promène-robot-automatico-adaptable ! »
Le robot et la sorcière passèrent ensemble
une excellente journée.
Et depuis ce temps-là,
ils sont les meilleurs amis du monde.

J.T. 90

LES MOTS DE L'HISTOIRE

1. Une chose **abominable,** c'est une chose horrible, affreuse.

2. On est **déçu** quand on attend très fort quelque chose et que ce qu'on finit par avoir n'est pas du tout ce qu'on avait imaginé.

3. Prendre une **pincée** de quelque chose, c'est le saisir en le pinçant entre ses doigts.

4. On **se lamente** quand on est malheureux et qu'on n'arrête pas de se plaindre et de gémir.

5. Quand on est très étonné, on ne trouve plus ses mots, on ne peut plus parler, on reste **muet**.

Achevé d'imprimer en février 1994 par Ouest Impressions oberthur
35000 Rennes - N° 14808
Dépôt légal éditeur N°1689 - Mars 1994
Imprimé en France